W0331042

Dans la même collection

animaux du bord de l'eau
animaux des champs
animaux de la ferme
animaux de la forêt
animaux des jardins
animaux de la mer
animaux de la montagne
animaux de la savane

l'aéroport
le chantier
la ferme
le port
le zoo

Les auteurs remercient Grégory Schmauch pour son aide précieuse.

© 2002 Éditions MILAN – 300, rue Léon-Joulin, 31101 Toulouse Cedex 1, France.
Droits de traduction et de reproduction réservés pour tous les pays.
Toute reproduction, même partielle, de cet ouvrage est interdite.
Une copie ou reproduction par quelque procédé que ce soit, photographie, microfilm, bande magnétique, disque ou autre, constitue une contrefaçon passible des peines prévues par la loi du 11 mars 1957 sur la protection des droits d'auteur.
Loi 49.956 du 16.07.1949
ISBN : 2.7459.0492.2

Dépôt légal : 2e trimestre 2002

Imprimé en Belgique

les pompiers

Stéphanie et Stéphane Frattini
Marc Pouyet

MILAN

Sommaire

8 La caserne

Les pompiers l'appellent plutôt « centre de secours ». Rien qu'en France, il en existe plus de 11 000, grands ou petits. Que tu habites en ville ou à la campagne, il y en a forcément un près de chez toi.

À la campagne, une caserne protège souvent plusieurs villages. Sur cette carte, la zone d'intervention (en rouge) comprend 3 villages, la forêt et la campagne alentour.

La tour

La tour sert à 2 choses : elle permet aux pompiers de s'exercer avec la grande échelle et, à l'intérieur, on suspend les tuyaux pour les faire sécher.

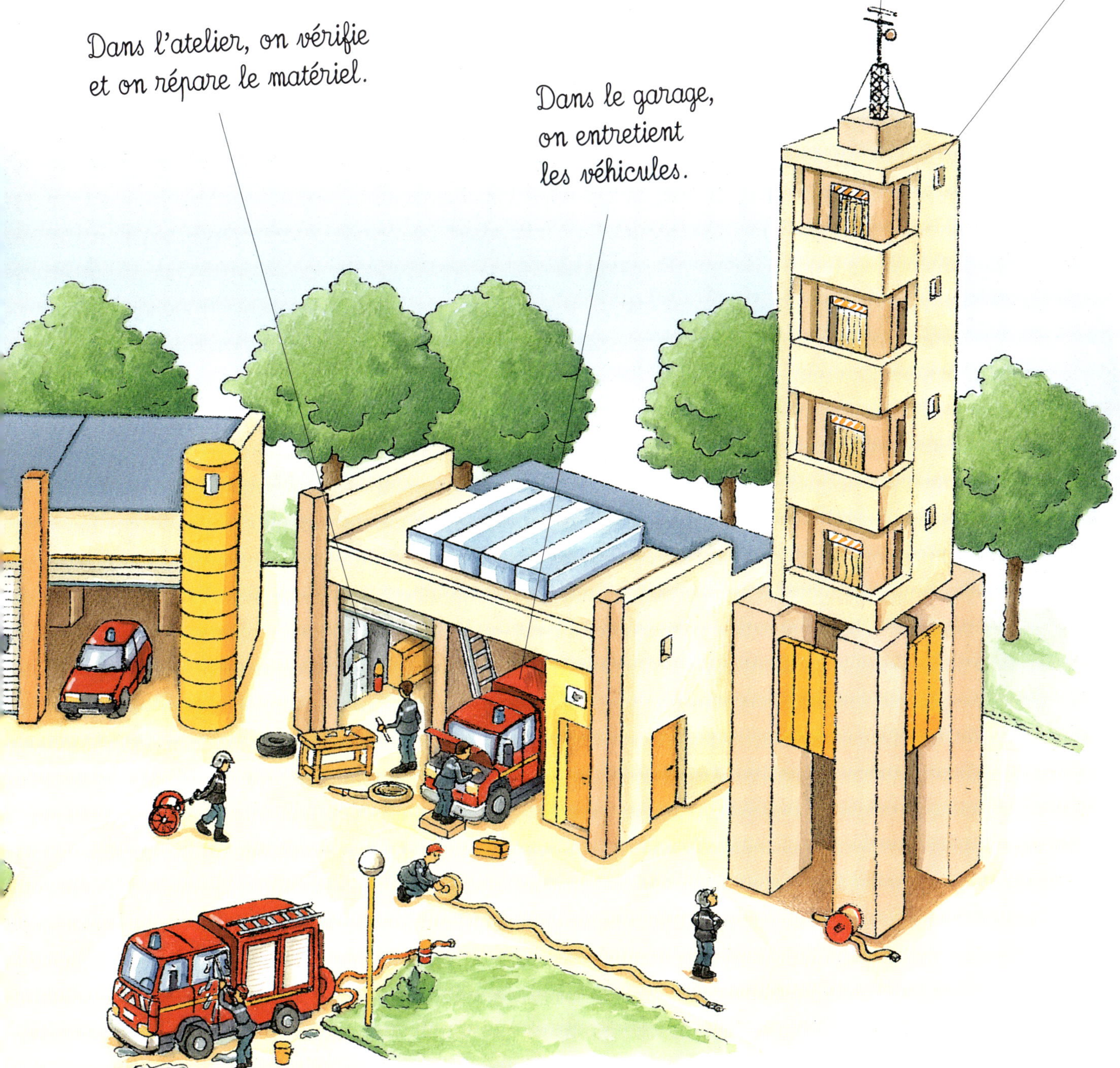

10 Le métier de pompier

À la caserne, les pompiers effectuent chaque jour un exercice différent.

Pour être pompier, il faut être courageux et vouloir aider les autres. Mais cela ne suffit pas : il faut aussi beaucoup s'entraîner pour apprendre à réagir très vite à tous les dangers.

Pour étouffer un feu dans une maison, les pompiers abattent à la hache les murs menacés par les flammes. Ce travail s'appelle la « sape ». Voilà pourquoi on appelle aussi les pompiers les « sapeurs-pompiers » !

Sur 100 interventions des pompiers, 60 concernent le secours aux victimes (malaises ou blessures dans la rue...), 25 les incendies et 15 les accidents de la route.

Le conducteur a fait pivoter et monter l'échelle.

Ces pompiers mettent leur casque et leur appareil respiratoire.

Entre 10 et 18 ans, on peut faire partie des « jeunes sapeurs-pompiers ». Au programme du mercredi à la caserne, il y a le secourisme, l'initiation à la lutte contre le feu, et beaucoup de sport !

Dans leur métier, les pompiers mettent souvent leur vie en péril pour secourir les autres.
Ils ont 2 devises :
« Sauver ou périr » et
« Courage et dévouement ».

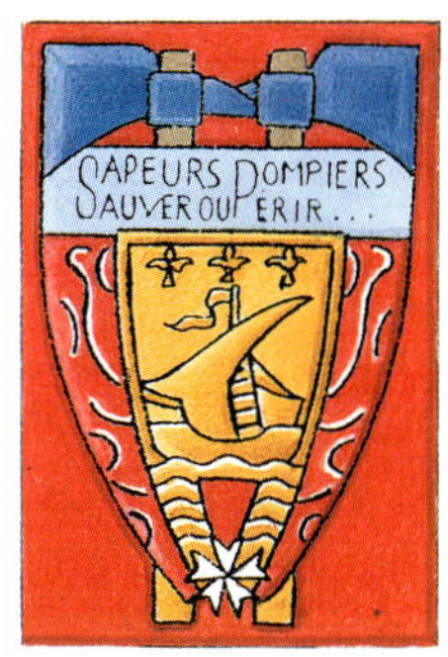

Professionnels ou volontaires

Dans les grandes villes, les pompiers sont des professionnels. Mais dans les petites communes, ce sont des gens qui s'engagent à être pompiers quelques heures par semaine, en plus de leur métier habituel. Ces volontaires doivent suivre une formation et habiter à moins de 5 min de la caserne.

12 Le camion des pompiers

Les échelles mesurent 25 ou 30 m. La plus grande mesure 53 m. On peut y installer un ascenseur pour évacuer jusqu'à 60 personnes en une heure.

Pin-pon, pin-pon ! Tu l'as peut-être déjà vu passer : c'est le plus connu des « camions rouges ». Avec sa grande échelle, il permet aux pompiers de monter jusqu'au 10e étage d'un immeuble et de faire sortir des personnes par les fenêtres.

Assis sur le siège, un pompier dirige l'échelle.

L'échelle est automatique : pour aller plus vite, le conducteur peut la relever, la faire monter et tourner en même temps.

L'échelle repose sur une plaque qui peut faire un tour complet.

Les stabilisateurs du camion l'empêchent de bouger.

Dans les coffres, il y a des tuyaux, un brancard et du matériel pour découper les toits des maisons.

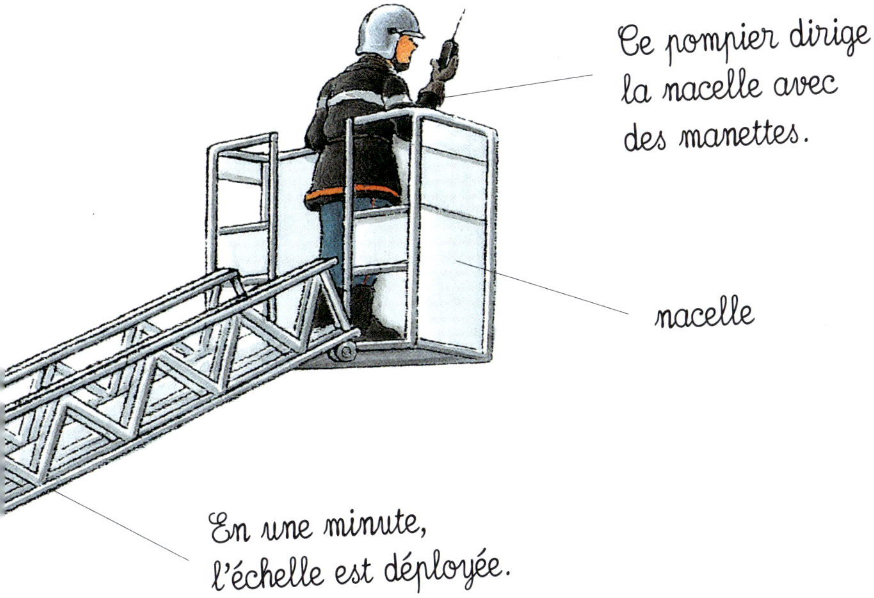

L'échelle sert aussi à combattre un incendie en arrosant les flammes par le haut, à l'aide d'une grosse lance.

Le tableau de bord

Il comprend 2 manettes : une pour faire tourner l'échelle sur elle-même, l'autre pour la déployer.
L'écran permet de contrôler son inclinaison.
Les voyants s'allument en cas de problème (trop de poids sur la nacelle par exemple).

Véhicules d'urgence

À chaque intervention correspond un véhicule spécialisé. Voici ceux que les pompiers utilisent le plus souvent pour porter secours ou lutter contre le feu.

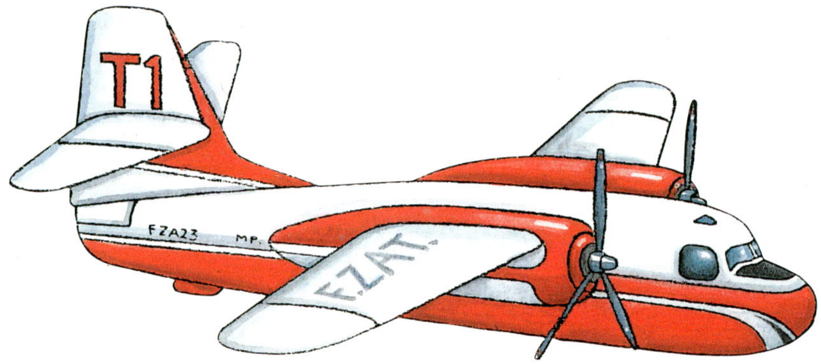

Le Tracker

Comme le Canadair, le Tracker est un bombardier d'eau. Ses réservoirs sont plus petits (3 400 litres contre près de 6 000 litres), mais il est plus facile à piloter, peut se poser sur des pistes très courtes et décoller en moins de 5 min après l'alerte.

Le fourgon de secours routier

Le fourgon de secours routier est utilisé pour les accidents de la route.
À son bord : du matériel pour découper la tôle, des extincteurs, des balises pour signaler l'accident aux autres automobilistes... Ce fourgon peut aussi intervenir lors du déraillement d'un train.

Le véhicule tout usage

Comme son nom l'indique, le véhicule tout usage est utilisé pour les interventions ordinaires : destruction de nids d'insectes, capture d'animaux, ascenseurs bloqués, petites inondations, détection d'une fuite de gaz...

Le fourgon-pompe-tonne

Le fourgon-pompe-tonne est équipé d'une citerne de 2 000 litres d'eau, pour attaquer immédiatement le feu. Ensuite, la pompe du camion prend le relais : elle est reliée au réseau d'eau courante, à un réservoir ou à une rivière. À l'arrière du camion sont accrochés 2 dévidoirs de 200 m de tuyaux chacun.

Le véhicule de secours aux asphyxiés et aux blessés

C'est l'ambulance des sapeurs-pompiers. Le véhicule de secours aux asphyxiés et aux blessés est équipé du matériel médical pour les premiers soins d'urgence (appareils de réanimation...).
À son bord prennent place un conducteur, un chef d'agrès (responsable du véhicule et des hommes) et 2 équipiers.

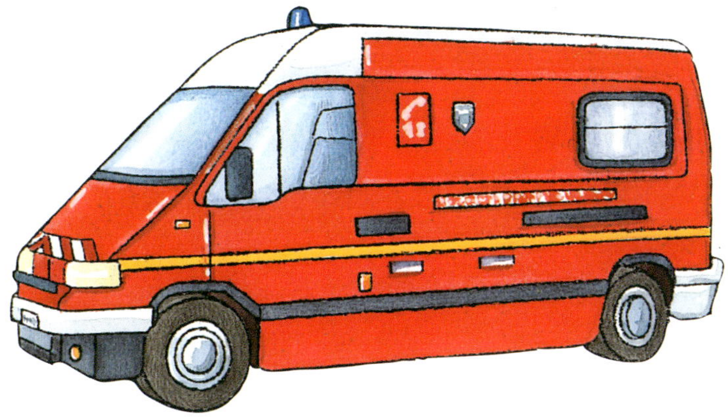

Le camion-citerne pour feux de forêt (CCF)

Très haut sur roues, le camion-citerne pour feux de forêt passe partout ! Les pompiers l'utilisent lorsqu'un incendie se déclare en forêt ou dans les champs. Comme le fourgon-pompe-tonne, il est muni d'une citerne, qui contient de 2 000 à 8 000 litres d'eau, et d'une pompe.

L'Alouette III

Utilisée pour le secours en montagne, l'Alouette peut se poser sur la neige, ou hisser les victimes avec son treuil sans avoir besoin d'atterrir. À l'intérieur, c'est une vraie ambulance, qui peut contenir jusqu'à 6 personnes.

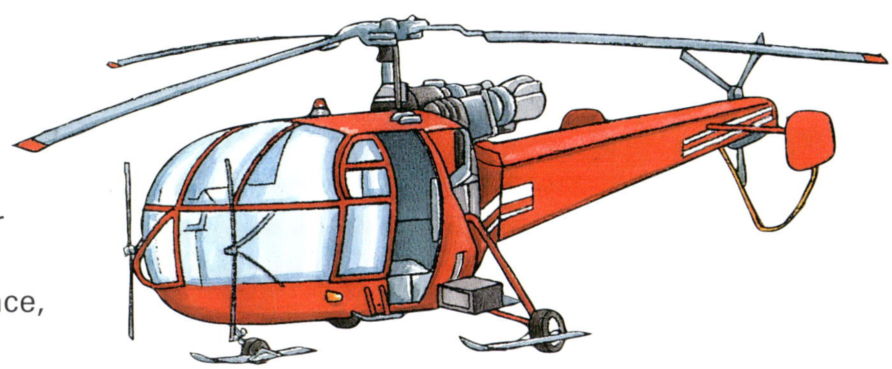

De garde à la caserne

Pour un pompier, être de garde ne signifie pas attendre que la sirène retentisse. À la caserne, la journée est organisée de façon précise. Il y a toujours quelque chose à faire !

À 8 heures du matin, les pompiers de garde se rassemblent dans la cour. Le capitaine fait l'appel et distribue les « piquets » : il indique à chaque pompier le véhicule sur lequel il partira en mission.

De garde la nuit

La nuit, chacun est libre de faire ce qu'il veut : lire, regarder la télévision, dormir... Mais, comme le jour, il faut être prêt en moins d'une minute si la sirène retentit !

Chaque pompier doit s'occuper de l'entretien d'un véhicule précis.

Le camion est lavé.

Un pompier s'assure que l'équipement est complet et en bon état.

Pour être toujours en forme, les pompiers font 3 heures de sport dans la journée dont du football ou du basket qui développent l'esprit d'équipe. L'entraînement commence par l'exercice de la planche, où il faut se hisser à la force des bras.

Dans la caserne, il y a une salle de cours. Chaque jour, les pompiers de garde révisent leurs connaissances et font des exercices avec un instructeur.

18 Allô, le 18 ?

Toutes les 10 secondes en France, quelqu'un compose ce numéro d'urgence. De jour comme de nuit, des pompiers sont là pour répondre et déclencher l'alerte.

Les numéros d'urgence

15 (Samu), 17 (police), 18 (pompiers) : en France, on peut appeler les numéros d'urgence gratuitement, de n'importe quel téléphone.

Un pompier cherche le plus court chemin pour arriver à l'adresse indiquée. Le chef d'agrès, responsable de la mission, vient chercher les informations.

« On décale ! » : dans le vocabulaire des pompiers, cela veut dire « partir en intervention ».

Le pompier demande le maximum de renseignements sur l'accident.

centre de traitement d'alerte

Les appels aboutissent au centre de traitement d'alerte. Le pompier choisit la caserne à alerter selon le lieu de l'accident. Il décide aussi du véhicule et du nombre d'hommes à envoyer en mission, selon sa gravité. Les informations s'impriment sur un papier appelé « ticket de départ ».

Lorsque le standard de la caserne reçoit l'appel du centre de traitement d'alerte, la sirène est déclenchée. Entre le moment où elle retentit et le moment où le camion démarre, il ne s'écoule pas plus d'une minute ! Les pompiers volontaires, eux, ont un « bip » qui sonne pour les rappeler à la caserne.

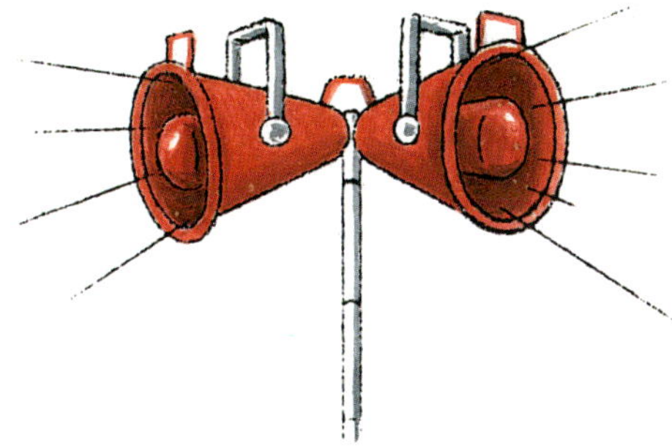

Pour aller plus vite, les pompiers se laissent glisser le long de la perche jusqu'à la remise. En quelques secondes, ils enfilent leur veste, leur casque, et bouclent leur ceinturon avant de grimper dans le camion.

20 Un feu en ville

Le feu s'est déclaré dans un appartement. En quelques minutes, camions et pompiers arrivent sur les lieux de l'incendie. Il faut évacuer les habitants de l'immeuble et maîtriser les flammes, le plus vite possible.

Un « piquet d'incendie » comprend le plus souvent 2 fourgons-pompes-tonnes, 1 grande échelle et 1 véhicule de secours aux asphyxiés et aux blessés.

évacuation des victimes par l'échelle

contact radio pour pouvoir demander du renfort

Des pompiers enfoncent la porte d'entrée.

La lance est branchée sur une bouche d'incendie (arrivée d'eau).

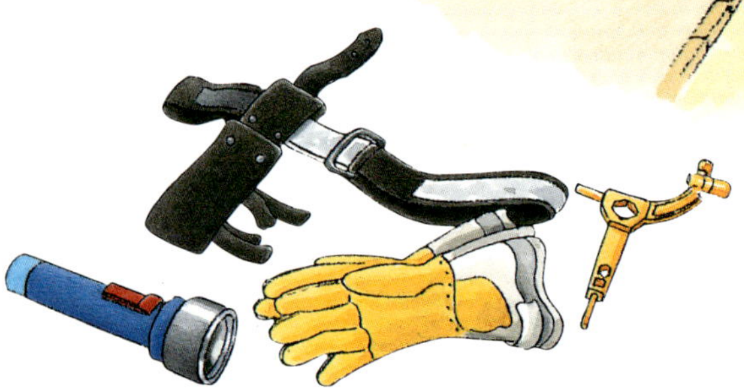

Sur son « ceinturon d'incendie », le pompier fixe une lampe, ses gants, et une clef tricoise, un outil qui sert à relier les tuyaux, à ouvrir les portes...

En cas d'incendie, suis ces conseils :

- Donne l'alerte (en composant le 18 si possible).
- S'il y a de la fumée dans la cage d'escalier, ne sors pas. N'emprunte pas l'ascenseur.
- Réfugie-toi dans une pièce, place du linge mouillé au bas de la porte, et un linge humide sur ton nez.
- N'ouvre pas les fenêtres, ce qui risquerait d'attiser le feu.

Pour se protéger de la fumée, qui est très toxique, les pompiers portent un appareil respiratoire : un masque alimenté par une bouteille d'air.

Les 2 fourgons sont garés plus loin, pour avoir la place de dérouler les tuyaux.

Les pompiers travaillent par 2, un chef et son équipier. Chaque équipe a une mission précise : dérouler et brancher les tuyaux, attaquer le feu...

Au bruit de la sirène, les voitures doivent s'écarter pour laisser la voie libre aux véhicules des pompiers, qui ont aussi le droit de passer aux feux rouges.

Un feu de forêt

L'été, quand il fait chaud et sec, un petit incendie peut très vite devenir gigantesque. Pour les pompiers, le feu est alors un ennemi redoutable, qu'il faut parfois combattre pendant des jours et des nuits…

Pour les feux de forêt, les pompiers portent une cagoule, un casque plus léger et des lunettes étanches.

Ce camion-citerne grande capacité contient 10 000 litres d'eau. Il fait des allers-retours jusqu'à un point d'eau pour remplir des « piscines » dans lesquelles les autres camions viennent s'approvisionner.

Le Canadair

Cet avion rase un lac ou la mer, pour remplir ses réservoirs. En 10 secondes, il puise près de 6 000 litres d'eau, qu'il largue ensuite en survolant très bas les flammes.

Mélange d'eau et de produit rouge qui retarde l'avancée du feu.

Pour assurer sa sécurité, chaque camion peut s'arroser lui-même.

Le poste de commandement mobile, relié par radio à tous les véhicules, permet de suivre les opérations.

Au bord des routes, ce panneau rappelle qu'il ne faut jamais jeter une allumette ou une cigarette dans la nature, ni faire un feu...

Dans le sud de la France, les pompiers surveillent la forêt à partir de cabanes ou de tours de guet. Lorsque le feu ravage une région entière, des centaines d'engins et des milliers d'hommes sont mobilisés.

24

Sauvetages sur l'eau

Lorsqu'il pleut très fort pendant des jours, ou qu'un orage est très violent, un cours d'eau peut grossir et envahir les villages proches.

Des pompiers en bateau, cela t'étonne ? Pourtant, en cas d'inondation ou d'incendie dans un port, c'est ainsi qu'ils interviennent. Et il existe même des équipes de pompiers plongeurs.

En attendant les pompiers, il faut se réfugier en hauteur.

La première mission des pompiers est de mettre les gens et les animaux à l'abri. Après la décrue, ils reviendront pomper l'eau des maisons.

Le plongeur porte un gilet gonflable, qui le fait vite remonter à la surface en cas de danger, ainsi qu'une lampe très puissante, qui permet de le repérer sous l'eau.

Les pompiers plongeurs

On fait appel à des équipes de pompiers plongeurs pour le sauvetage, ou pour la recherche des personnes disparues près d'un point d'eau.

Le bateau-pompe

Si le feu se déclare à bord d'un navire, le bateau-pompe intervient : il puise près de 35 000 litres d'eau de mer par minute.

26 Un accident de la route

Chute de moto, choc entre 2 voitures : tous les jours, de graves accidents de la circulation se produisent. Avec du matériel très spécialisé, les pompiers viennent au secours des victimes.

3 véhicules sont partis de la caserne : un fourgon de secours routier, un véhicule de secours aux asphyxiés et aux blessés, et un véhicule rapide médicalisé, conduit par un médecin sapeur-pompier.

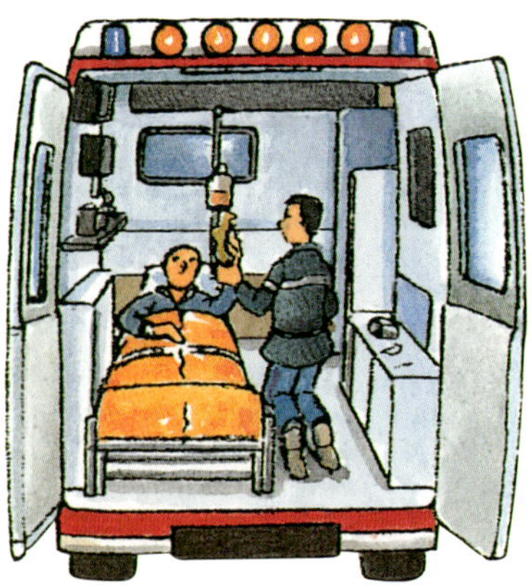

Dans les cas graves, les pompiers demandent au Samu d'envoyer une ambulance. À son bord, un médecin examine les blessés et commence à les soigner.

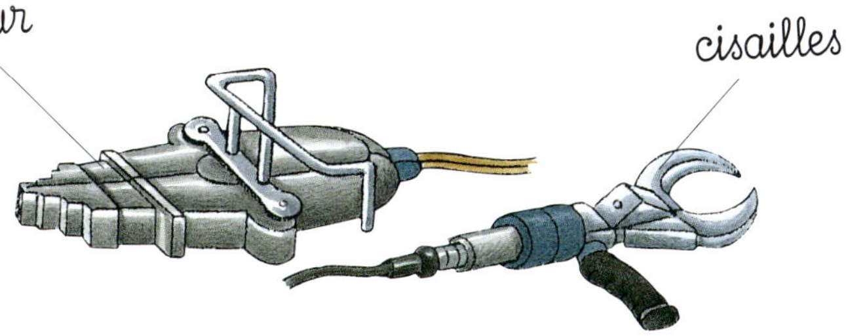

• **Écarteur pour décoincer les portières qui ne s'ouvrent plus.**
• **Cisailles pour découper la tôle des voitures.**

La désincarcération

Quand le choc de l'accident déforme la voiture, les passagers ne peuvent plus en sortir. Avec des outils spéciaux, les pompiers enlèvent les pare-brise, découpent le toit du véhicule, puis dégagent les victimes.

Après l'accident, il faut vite que la circulation sur la route redevienne normale. Une dépanneuse vient chercher les épaves. Les pompiers balaient les éclats de verre, puis enlèvent la signalisation.

28 Interventions spéciales

Manipuler des produits dangereux, combattre la pollution, rechercher des personnes sous les décombres : les pompiers sont prêts à affronter tous les dangers ! Ces situations sont rares, mais elles demandent des techniques très particulières.

Si un accident se produit en hauteur ou en profondeur (dans un puits), il est très difficile d'aller chercher les blessés. C'est le travail des pompiers du GRIMP (Groupe d'intervention en milieu périlleux).

Les pompiers travaillent avec prudence, pour éviter un nouvel effondrement.

Par accident, une usine a déversé un produit chimique qui flotte à la surface de l'eau. Pour l'empêcher de se répandre et de polluer toute la rivière, les pompiers le piègent avec ce barrage flottant, avant de l'aspirer avec une pompe.

Grâce à son flair, ce chien dressé détecte une présence humaine à plus de 4 m de profondeur.

Ce camion transporte un produit très toxique. Les pompiers s'approchent du véhicule avec du matériel pour détecter d'éventuelles fuites. Ils portent une tenue spéciale totalement étanche et un appareil respiratoire.

Les équipes spécialisées dans le « sauvetage déblaiement » sont formées pour agir après l'effondrement d'un immeuble, une explosion ou un tremblement de terre.

30 SOS animaux

Si ton chaton est coincé sur le toit de l'immeuble, les pompiers viendront le chercher. Mais ils ont aussi parfois affaire à d'autres animaux bien plus étranges ou dangereux !

Ne dérange les pompiers que si la situation est vraiment grave. Si ton chat a grimpé dans un arbre, il finira par redescendre tout seul...

Certains choisissent un crocodile ou une mygale comme animal de compagnie. Mais il arrive que ces bêtes s'échappent ! Pour apprendre à les capturer sans leur faire de mal, les pompiers prennent des cours avec les soigneurs du zoo.

Pompiers vétérinaires

Un chien peut se coincer la patte dans un grillage ou une vache tomber dans un ravin. Lorsque le sauvetage est difficile, ou que l'animal souffre, un vétérinaire pompier est appelé. C'est un volontaire, qui a choisi de s'engager en plus de son métier.

Paralysé par la peur, le chaton miaule pour appeler au secours.

Le pompier tient de la nourriture pour attirer l'animal et un lasso pour l'attraper.

Si un essaim d'abeilles a élu domicile dans un arbre de ton jardin, ne t'approche pas, et appelle les pompiers. Ils enfermeront le nid dans un sac avant de le confier à un apiculteur.

Animal agressif

Ce pitbull erre dans les rues et risque de mordre quelqu'un. Les pompiers, protégés par des vêtements rembourrés et des gants, l'attrapent avec un lasso, puis le conduisent à la SPA (Société protectrice des animaux).

32 Missions de surveillance

Grands immeubles, cinémas, écoles… Les pompiers vérifient la sécurité de tous les bâtiments publics. Dans certains lieux, comme les aéroports, des équipes sont prêtes en permanence à intervenir !

Lorsqu'un bâtiment est construit, les pompiers le visitent. Ils vérifient qu'il correspond aux normes de sécurité anti-incendie, et qu'il peut être évacué facilement. Ils conserveront un plan précis des lieux, très utile en cas d'intervention.

Match de football

Concert, manifestation, match de football : certains événements réunissent des milliers de personnes. Des pompiers sont présents sur les lieux, afin d'organiser les secours le plus vite possible si un accident se produit.

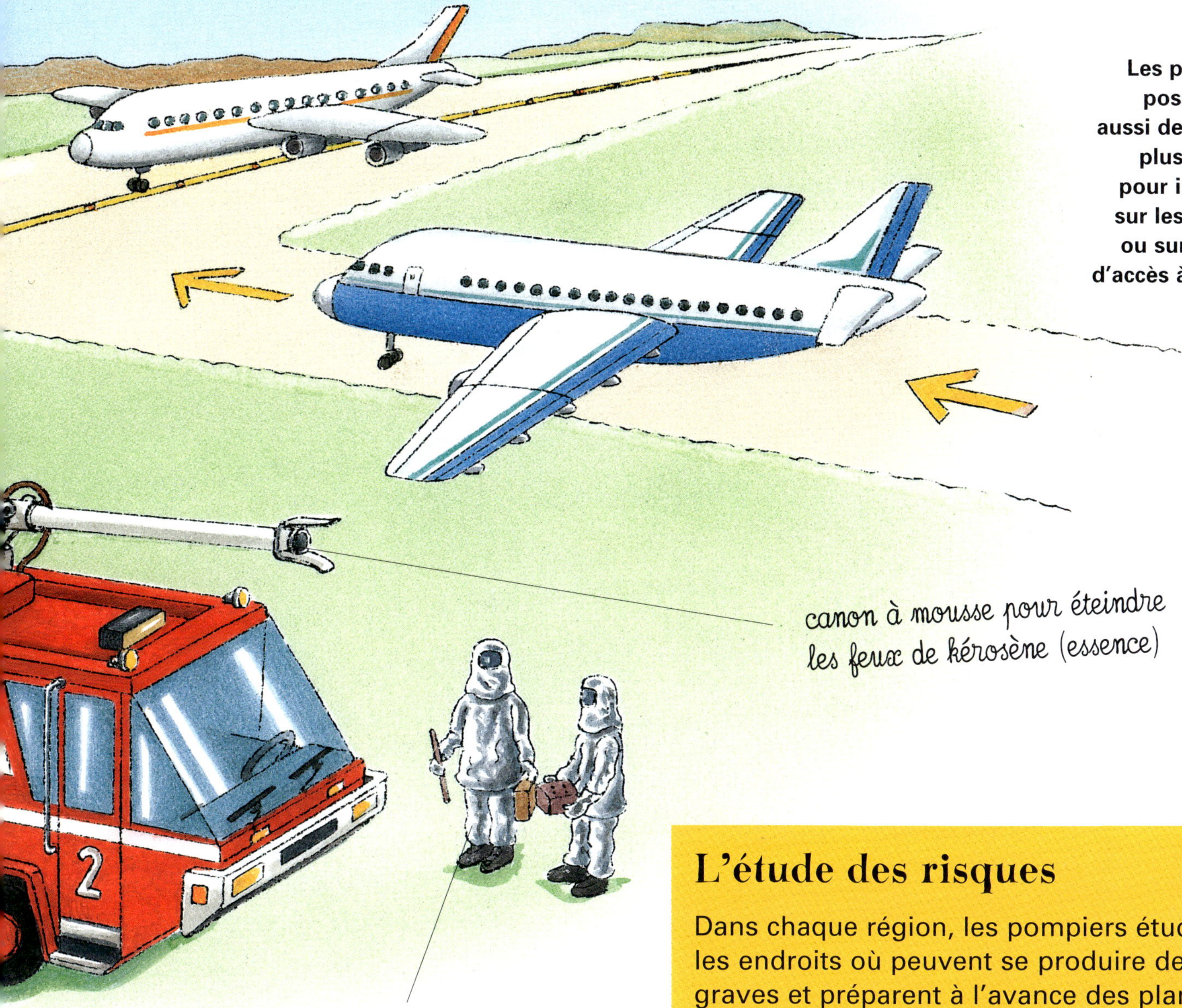

Les pompiers possèdent aussi des véhicules plus petits, pour intervenir sur les parkings ou sur la route d'accès à l'aéroport.

L'étude des risques

Dans chaque région, les pompiers étudient les endroits où peuvent se produire des accidents graves et préparent à l'avance des plans d'intervention. Les endroits les plus surveillés sont les grands barrages, les centrales nucléaires mais aussi les métros ou les gares.

Pompiers du monde

Des véhicules de pompiers, il en existe des milliers, et certains sont très différents des camions rouges que tu connais... En voici quelques-uns, parmi les plus étonnants !

Véhicule suisse pour les tunnels

Ce camion spécial a été construit après la catastrophe du tunnel du Mont-Blanc en 1999. Il comporte 2 cabines, une à l'avant et une à l'arrière, pour pouvoir reculer très vite dans le tunnel. L'intérieur est oxygéné en permanence.

Camion américain d'interventions lourdes

Sa grue sert à sortir les véhicules accidentés du fossé. Mais les coffres de ce camion contiennent aussi un matériel très varié : outils pour découper la tôle, bouteilles d'oxygène, bouées... et même un traîneau de secours à utiliser sur la glace !

Train de secours suisse

Les 2 lances puissantes situées sur le toit de la locomotive sont reliées à un réservoir de 44 000 litres d'eau. Il comprend en plus un wagon avec du matériel antipollution et une cellule de secours pouvant accueillir 60 personnes.

Hélicoptère anti-incendie américain

Cet appareil a un avantage sur l'avion : le pilote peut l'immobiliser en l'air pour larguer les 7 500 litres d'eau de son réservoir sur un point précis.

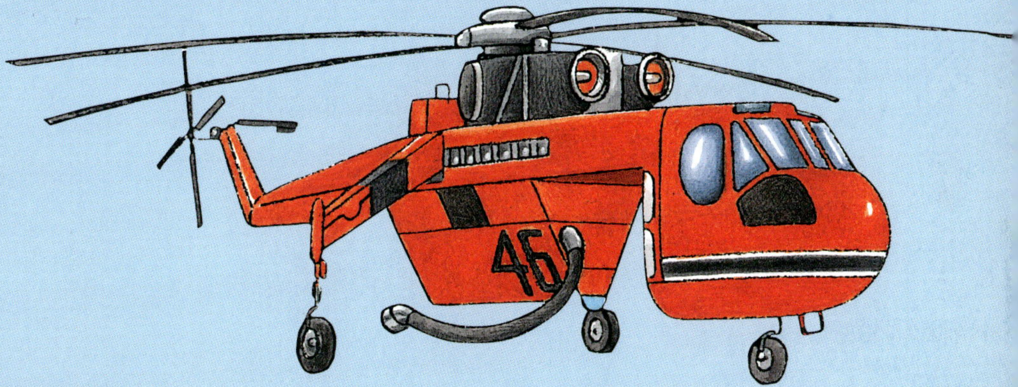

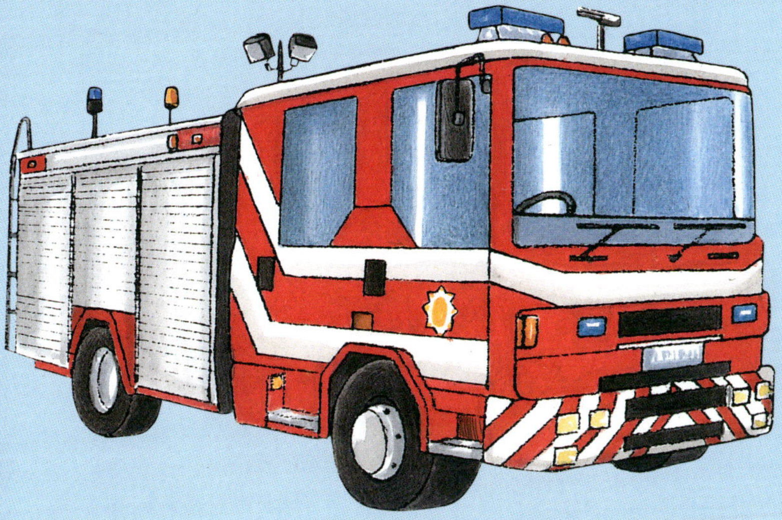

Secours routier fourgon-pompe-tonne anglais

En Grande-Bretagne, ce camion est très célèbre. Très rapide, il sert aux incendies ou aux accidents de la route.

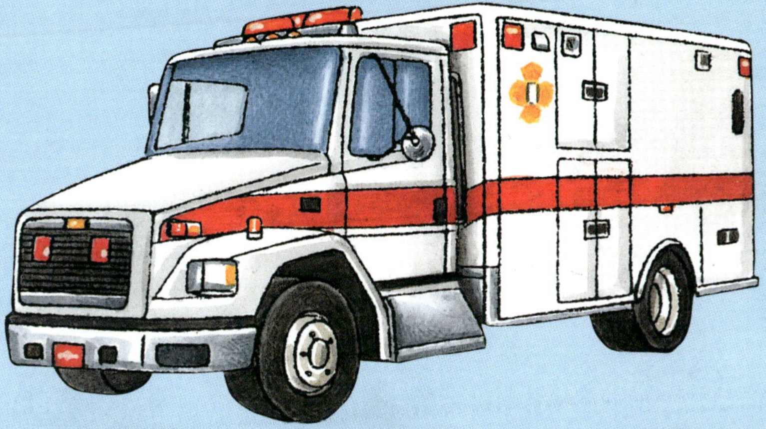

Véhicule américain de secours aux blessés

Avec ses équipements médicaux très perfectionnés, cette ambulance est un vrai petit hôpital. Elle est équipée d'un système de télécommande qui fait passer tous les feux de circulation au vert sur son chemin.

36 Le bal des pompiers

Tu as envie de rencontrer les pompiers ? C'est facile ! À l'occasion du bal traditionnel du 14 Juillet ou d'une journée portes ouvertes, tu pourras visiter la caserne, voir de près les camions et, pourquoi pas, monter à la grande échelle !

Les Jeux mondiaux des pompiers

Tous les 2 ans pendant une semaine, les pompiers de 50 pays s'affrontent amicalement dans un grand tournoi. Plus de 30 sports sont inscrits au programme : foot, basket, roller, mais aussi conduite 4 x 4, sauvetage...

Recevoir les pompiers dans sa classe, c'est une bonne idée. Avec eux, tu participeras à un exercice d'évacuation des locaux...

Les pompiers ont installé une buvette dans la cour. Ce sont eux qui font la cuisine.

Les plus courageux peuvent monter en haut de la grande échelle.

Journée portes ouvertes

Chaque année, en juin, a lieu la « Journée nationale des sapeurs-pompiers ». Elle a pour but de faire comprendre les missions des pompiers, et de rendre hommage aux hommes morts en service.

En fin d'année, les pompiers proposent aux gens d'acheter leur calendrier. On donne ce que l'on veut, et l'argent collecté servira à aider l'amicale des pompiers ou leurs œuvres sociales. Accueille-les avec le sourire !